POESÍA CRISTIANA
VOLUMEN VII

RL Producciones literarias

Copyright © 2024 Rafael Henrique dos Santos Lima y RL Producciones literarias

Todos los derechos están reservados. Ninguna parte de ese libro puede ser reproducida en cualquier medio existente sin la autorización del autor de ese libro.

Para autorizaciones, contacte: rafael50001@hotmail.com / rafaelhsts@gmail.com

Acerca del libro

Los poemas han sido inspirados por Dios y son para mostrar su Gloria. Estos fueron escritos entre 2014 y 2015.

Son presentadas diversas temáticas, como familia, vida personal, vida cotidiana, salvación, vida eterna, narrativas de historias de la Biblia, etc.

Palabras en la cruz

Agradecimiento

Alabanza

Alivio

Apoyo

Autenticidad

Autocontrol

Compañero

Comunicación

Cristo

Dios

Espíritu Santo

Fe

Fortaleza

Hijo

Inmutable

Instrucción

Invitación

Jesús

Madurez

Perseverancia

Poesía

Posicionamiento

Prioridad

Pureza

Renacer
Rendición
Retribución
Señor
Trabajo
Transparencia
Voz

Tabla de contenidos

La idolatría y la reconciliación 17

Visión externa del cristianismo 19

Corrección y nuevos frutos 20

El gobierno y el Señor 21

Jesús camina sobre el mar 23

Cambiando de vida 25

Hablando con Dios en la oración 27

La recompensa de la codicia 28

La maldad de la criatura 29

Ingratitud occidental 30

Mala lengua 32

El perdón de Jesús 33

La palabra correcta 35

Falsedad en la comunidad 36

Pesada carga 38

Favela evangélica 40

Misericordia para el justo 42

El fin del ser humano 44

El perdón agradable 45

El pueblo de Jesús 46

Verdad eterna 48

La voz 50

Espíritu condenado 52

Apoyo 54

El amor de Dios	56
Retribución	57
La navegación	59
La voz de Dios	61
Desahogo personal	62
La imagen	64
La maravilla de la creación	66
Entrega al Señor	68
María y Elisabet	70
El gran amor de Dios	72
El show tiene que parar	73
Tempestad	75
La debilidad y el pecado	76
Otra solución	77
Verdad perdida	78
Dios es bueno	80
Lamentación del pecador	81
Alabanza en la eternidad	82
Un día con Dios	83
Jesús a nuestro lado	84
La Gracia	85
La gracia no tiene valor	87
Un agradecimiento	88
Obstáculos	89
La Voz del Señor	90

Egoísmo en la religión 91

La Palabra del Señor 93

Hijo amado y obediente 94

El cambio de un desobediente 96

El terrible fin 98

La elección del Señor 99

Vamos a seguir 100

Muerte inminente 102

La salvación en medio de la soledad 104

El camino humano y el camino de Dios 106

Dichosos los pobres en espíritu 107

Dichosos los que lloran 108

Dichosos los humildes 110

Dichosos los que tienen hambre y sed de justicia 111

Dichosos los compasivos 112

Dichosos los de corazón limpio 113

Dichosos los que trabajan por la paz 114

Dichosos los perseguidos por causa de la justicia 115

Dichosos los que son insultados 116

La idolatría y la reconciliación

El Señor hace todo para ayudar a sus elegidos,
Allana sus caminos y les libra de peligros.
El Señor no permite que nada les pueda dañar,
Por más difícil que sea la lucha, el Señor los ayudará.

Desafortunadamente, el corazón del pueblo de Dios es obstinado,
Las personas son corruptibles e inclinadas al pecado.
Incluso viendo todas las maravillas hechas por el Señor,
Se desvían de la verdad y van a seguir al destructor.

En medio del pecado, el nombre del Señor es olvidado,
Se levanta una imagen y este es el dios que debe ser adorado.
Se inclinan a la estatua prestando adoración,
Todos practican el mal, haciendo una gran abominación.

El dios hecho por ellos no puede oír ni hablar,
Ninguna de las oraciones del pueblo, la estatua puede escuchar.
Su material puede ser de madera o algún metal,
No importa qué sea, su utilidad es para el mal.

Al ver estas cosas, Dios manda al profeta a alertar,
El siervo de Dios dice que todo el pueblo necesita cambiar.
A los caminos verdaderos todos tienen que retornar.
El Señor es misericordioso y sus pecados perdonará.

Si el pueblo se arrepiente de todo y a Dios regresar,

Con los brazos abiertos, el Señor los recibirá y acogerá.

De los pecados antiguos, Dios no más se acordará,

Un nuevo tiempo de amor en sus vidas se iniciará.

Visión externa del cristianismo

El cristianismo pierde fieles y hay una explicación:
Quien está fuera no ve la seriedad de la religión.
Los que están fuera ven un millón de denominaciones,
Hay millones de sentimientos diferentes en los corazones.

Incluso dentro de la misma rama,
No todos están en el mismo espíritu de adoración.
Entre los evangélicos, no es posible ver el espíritu de unión,
Las iglesias parecen rivales y viven en peleas y discusiones.

Los líderes más conocidos libran grandes batallas,
Discuten, pelean, insultan y luego no se aprovecha nada.
Sin conocimiento, los fieles los siguen ciegamente,
Piensan que estar peleando significa ser un buen creyente.

Los seguidores están ciegos porque no buscan la verdad,
La mayoría nunca ha leído la Biblia ni la ha estudiado con seriedad.
Es mucho más fácil creer en las palabras que dice el predicador,
Para ellos no hay necesidad de leer lo que hizo el Señor.

Debido a esta ignorancia, el cristianismo cae en descrédito,
Quien está fuera no quiere tomarlo en serio.
No pueden creer que en este medio haya salvación,
Porque no hay libertad de vida, hay ignorancia y alienación.

Corrección y nuevos frutos

El Señor Jesús enseñó que no podemos juzgar,
Incluso cuando la persona está equivocada, no se puede condenar.
Debemos mostrar los errores de la persona a la luz de las Escrituras,
Haciendo esto, el Espíritu Santo vendrá con la cura.

De todos los errores y de todo pecado, el Espíritu Santo curará,
Toda la suciedad e inmundicia que el pecado dejó, Él limpiará.
Donde había una multitud de errores, una nueva vida nacerá,
Como una rama que nace en el tronco seco, una nueva vida brotará.

Esa nueva rama será constantemente regada por el Señor,
Será propiedad de Dios y será tratada con amor.
El Señor considerará su nueva planta un tesoro particular,
Él desea que la rama se transforme en árbol y pueda fructificar.

Sus mejores frutos serán nuevas personas convertidas,
Esos son los frutos que generarán nuevos nombres en el Libro de la Vida.
Una persona que fue renovada ayudó a muchas otras a florecer,
A través de su vida, otras personas tuvieron la oportunidad de renacer.

La primera persona que fue rescatada va a mirar todo y pensar:
«Valió la pena que aquella persona viniera para la verdad de Dios me mostrar.
Hoy percibo cuánto el Espíritu Santo me transformó,
Gracias, Dios. Y que mucho más, fructifique para el Señor.»

El gobierno y el Señor

Por mucho tiempo la conducción del pueblo era cargo del Señor,
Mucha gente no estaba satisfecha y el pueblo se rebeló.
Un rey que gobernara la nación de Israel, el pueblo clamaba.
Deseaban a alguien que reinara en vez del profeta con la Palabra.

El profeta Samuel consultó a Dios y Él mandó ungir a Saúl,
Un hombre de la tribu de Benjamín reinaría desde el Norte hasta el Sur.
Samuel protestó contra el pueblo y un gran discurso proclamó:
‹‹En mis días de juez, siempre anduve en los caminos del Señor,
Entrego el liderazgo de Israel al rey que todo el pueblo deseó.
Cuando el rey yerre, recuerden: ustedes lo desearon como legislador.››

El tiempo pasó y el rey se desvió de los caminos del Señor,
Las leyes y los mandamientos de Dios, el rey Saúl no buscó.
El rey buscaba solo su propio consejo y entendimiento,
Saúl no buscaba en el profeta ni en la palabra de Dios el conocimiento.

Esta situación de un gobierno sin Dios está en nuestra realidad,
Las personas que están en el poder se corrompen desde la antigüedad.
Cada uno entra en la política y busca solo sus propios intereses,
Se olvidan del pueblo y no intentan ayudarlo con sus "poderes".

Es preciso tener mucho cuidado para nombrar a alguien como autoridad,
Se debe conocer a la persona y saber si anda según la verdad.
Ver a un candidato que profesa ser cristiano no es seguridad ni garantía,
No quiere decir que quien se dice cristiano se importará con las vidas.

Todos los candidatos a los altos puestos deben ser bien evaluados,
Su conducta y comportamiento anterior deben ser acompañados.
Así todos tendrán una base para elegir en quién se votará,
Y cuando la persona está allí, es preciso corregirla siempre que yerre,
Porque cuando se corrige, al camino de la verdad, ella puede volver.

Jesús camina sobre el mar

Jesús mandó a sus discípulos partir hacia otro lugar,
Ellos entraron en su barco y fueron a navegar.
Después de un tiempo de navegación, el viento fuerte sopló,
Las aguas se movían y la embarcación mucho se agitó.

Durante la madrugada Jesús apareció en medio del mar,
Los discípulos lo vieron, pero en eso no podían acreditar.
Quedaron espantados viendo a Jesús caminando sobre las aguas,
Pensaban que no era Cristo, sino un fantasma.

Al ver el miedo de sus apóstoles, Jesucristo habló:
‹‹¡No tengan miedo! ¡Soy yo!›› Nadie quiso acreditar.
Pedro dijo: ‹‹Si eres tú, ordena que yo camine sobre el mar.››
Jesús dijo: ‹‹¡Ven!›› Y por las aguas, comenzó a caminar,
Pedro anduvo poco, notó el viento y comenzó a hundirse.

En el momento de la desesperación, él clamó a Jesús para lo salvar,
El Señor extendió su mano y no dejó que se ahogara.
Cristo dijo: ‹‹Hombre de poca fe, ¿por qué dudaste?››
Pedro nada respondió, entraron en el barco y el viento cesó.

Después de entrar en el barco, todos reconocieron al Señor,
Decían entre sí que Jesús era Aquel que Dios envió.
Creyeron verdaderamente que Cristo era el prometido,
Para ellos no había dudas de que era el Hijo del Dios Vivo.

Cambiando de vida

Andaba muy loco, no quería saber de nada,
Cuando caminaba y veía una iglesia, me distanciaba.
No quería ni oír hablar el nombre de Jesús,
No me interesaba en nada esa charla de cruz.

Solo quería disfrutar mi vida muy locamente,
No tenía la menor gana de ser fiel o creyente.
Todos los días mi vida tenía muchas fiestas,
Solo quería saber de disfrutar y tener muchas chicas.

Siempre llegaba tarde de noche a mi casa,
Al otro día, siempre despertaba con mucha resaca.
A mi ver, todo lo que hacía era super normal,
Estaba muy feliz y no practicaba ningún mal.

El tiempo fue pasando y la vida, comencé a observar,
Me divertía mucho, pero terminaba solo en el sofá.
Me quedaba viendo algún programa cualquiera intentando relajar,
La angustia era tanta que tenía ganas de llorar.

Tardé en darme cuenta de que algo más estaba faltando,
Tardé en percibir que me estaba acabando.
No sabía qué hacer para que mi angustia pasara,
No tenía esperanza de que alguien me ayudara.

Ya estaba dispuesto a matarme y que todo se acabara,
Fue entonces que oí que había alguien que me podía salvar.
Era la primera vez que a Dios iba a orar,
No sabía bien qué decir, entonces comencé a llorar.

Las lágrimas mostraban cuánto estaba desesperado,
Mi tristeza demostraba cuánto estaba solitario.
Miraba hacia arriba y no conseguía ni siquiera hablar,
Solo quería que, a mi corazón, Dios pudiera mirar.

El Señor me miró y no me dejó morir,
Él me dio esperanza para que más pudiera vivir.
Busqué en la Biblia una respuesta para aliviarme,
Leí la parte que Jesús dice que nuestro fardo iba a tomar.
Eso me dio ligereza en el alma y fuerzas para continuar.

Busqué una iglesia para oír más del Señor,
Cada día que pasaba, veía más su gran amor.
En la roca eterna del Señor, decidí para siempre afirmarme,
Hoy tengo fe que solo Dios puede mi alma alegrar.

Hablando con Dios en la oración

Existe una forma de acercarse al Señor,
Es la manera del cristiano conectarse a Él y a su amor.
Una forma que el Señor dejó como orientación,
La mejor forma de conectarse con Dios es la oración.

Cuando la persona ora, habla directo con el Señor,
Crea la oportunidad de conversar con el Salvador.
La persona entra en una atmósfera nueva de intimidad,
Conectándose con Dios y saliendo de su realidad.

El Señor sabe cuál es el deseo de cada corazón,
Incluso antes de orar, Él sabe lo que vendrá en la oración.
Orando, el Señor se atenta a quien está pidiendo,
Él escucha como un padre que oye el pedido del hijo.

Después de escuchar, el Señor sabe lo mejor que hacer,
No todos los deseos de los hijos, Dios irá a atender.
Él sabe todas las cosas que el hijo va a necesitar,
Y las cosas que serán malas, Dios no las concederá.

Los pensamientos del Padre son mayores que los de los hijos,
Dios atiende a cada uno conforme a su buen camino.
Cuando la oración va de encuentro a la voluntad del Señor,
Dios concede a sus hijos lo que Él siempre soñó.

La recompensa de la codicia

Toda tu vida fue dedicada a intentar enriquecer,
Tu corazón siempre deseó conquistar y tener.
Nunca hubo ningún deseo para prestar ayuda,
La única necesidad que te importaba era la tuya.

Nunca te importó herir otro corazón,
Lo único que importaba era tu recaudación.
Para ti no había nada más que lucrar,
Toda tu vida fue dedicada al intento de ganar.

En ningún momento de la vida pensaste en Dios,
Nunca quisiste agradecerle por lo que Él te dio.
Dios te dio muchas oportunidades para que te salvaras,
Aun así, huías, y tu riqueza fuiste a buscar.

Ahora, ¡adivina! Estás muerto y no puedes escapar,
Sé que duele y tienes derecho a gritar y llorar.
Pero por más fuerte que grites, nadie te escuchará,
Tenías todo y ahora no tienes a nadie para te ayudar.

Grita, gime de dolor, sufre la más terrible condenación.
Rechina los dientes, llora, pues de aquí no hay liberación.
Fuiste egoísta y nunca quisiste a Dios en tu vida,
Ahora pídele a tu dinero que te libre de la agonía.

La maldad de la criatura

Dios creó al ser humano con sabiduría y perfección,
Él dio vida al barro, haciéndolo su principal creación.
El Señor hizo todas las cosas en su debido lugar,
Dándole un corazón al ser humano para amar.

Pero este corazón fue fácilmente contaminado,
No tardó mucho y pronto hubo la caída en el pecado.
La criatura rompió la maravillosa unión con el Señor,
Saliendo de la perfección de Dios y convirtiéndose en un pecador.

El pecado dominó profundamente su corazón,
Creando todo tipo de transgresión y mala imaginación.
Las personas se multiplicaron y mucho crecieron,
Y en la Tierra, todos los tipos de perversiones aparecieron.

Muchos se entregaron a la ira, al homicidio y a la mentira,
Todos se entregaron a las pasiones y no amaban la vida.
Poco a poco casi todos los humanos estaban perdidos,
La corrupción era tanta que mataban a sus hijos.

El Señor vio tanta corrupción y mucho sufrió,
La destrucción de todos los que practicaban la maldad, Él prometió.
Con un gran diluvio, toda la Tierra Dios inundó,
Y el gran pecado cometido por su creación, el Señor limpió.

Ingratitud occidental

Nosotros, los cristianos occidentales, tenemos gran ingratitud,
No valoramos a los que sufren por la salvación.
Nos quejamos de todo y pensamos estar sufriendo,
No tomamos en cuenta a los que están muriendo.

Hay muchas personas en el mundo siendo perseguidas,
Los cristianos árabes son muertos a causa de la Biblia.
Las personas no pueden leer el libro de Dios en el día a día.
Si alguien es descubierto haciéndolo, pagará con su vida.

Y nosotros nos quedamos aquí quejándonos de cualquier cosa,
Para nosotros, parece que ninguna cosa está buena.
Todos los días apenas nos levantamos y empezamos a quejarnos.
No vemos lo cuánto somos privilegiados.

En otras partes del mundo hay personas siendo asesinadas,
Por servir a Dios, para los demás, sus vidas no valen nada.
Los cristianos son tenidos como escoria, un resto de la nación,
Vistos como personas malas que solo merecen la condenación.

Nuestro día va pasando y del Señor no nos acordamos,
Arreglamos todo tipo de compromiso y de Él nos distanciamos.
Nos quedamos siempre insatisfechos con lo que Dios nos da,
Sus bendiciones, en todo tiempo, queremos siempre ganar.

En muchos lugares hay personas que solo desean poder adorar,
El nombre del Señor, ellos quieren libremente poder clamar.
Estos cristianos no buscan a Dios por lo que puede ofrecer,
Buscan a Dios porque ellos entendieron su poder.

Mala lengua

Hay muchas personas que deberían quedarse calladas,
De las palabras de su boca, no se aprovecha nada.
Son personas que solo dicen palabras sin sentido,
Palabras erróneas y aún dicen que son de Cristo.

El Señor Jesús dejó una clara instrucción:
En todo, respondan solamente esto: sí o no.
Si las personas siguieran esto, no caerían en contradicción,
Se contradicen, pues dicen lo que tienen en el corazón.

Esa contradicción hace que mucha gente yerre,
Porque en palabras dudosas comienzan a creer.
De las verdades dichas por Dios, se van a desviar,
Muchos pensamientos e imaginaciones van a brotar.

Para evitar muchos errores, engaños y la mala doctrina,
Es preciso que cada cristiano controle su lengua.
Sabiendo que no todo lo que dice es para edificación,
Y que una palabra equivocada lleva a la condenación.

El perdón de Jesús

Aquella mujer estaba siendo fuertemente acusada,
Muchas personas alrededor querían apedrearla.
Nadie pensaba en liberar el perdón,
Prefirieron seguir el camino de la condenación.

El Señor Jesús estaba andando en aquel lugar,
Y le preguntaron si a la mujer, debían matar.
El Señor no quiso condenar, Él vino para perdonar.
Aquella mujer, Él salvó y dijo para no más pecar.

Por todo cristiano, esta historia es muy conocida,
Es una lección muy importante para toda la vida.
Jesús dijo cómo el cristiano siempre debe proceder,
Él mostró que, para condenar, nadie tiene poder.

Esta es una lección que mucho debería ser aprovechada,
Pero en muchas iglesias no viene siendo practicada.
Las personas adoran señalar los errores para condenar,
No perdonan y no dan oportunidad para la persona cambiar.

Es por este motivo que las personas se están alejando.
Del amor de los cristianos, todos están dudando.
Ellos creen que la predicación de amor es una hipocresía,
Pues ven que las personas hacen lo contrario en la vida.

Si a los de fuera de la iglesia, los cristianos quieren ganar,

Este comportamiento hipócrita, deben cambiar.

El verdadero amor de Cristo es el gran deber,

Solo así, en su nombre, más personas van a creer.

La palabra correcta

Solo existe una palabra que es recta,
Solo hay una palabra que es la cierta.
Esta es la palabra venida del Señor,
La palabra de la verdad que Él dejó.

Una palabra que contiene la verdad,
La palabra que se desvía de la maldad.
Es la palabra que nunca irá a errar,
Es la palabra que hace a la persona acertar.

Una palabra con tan grande poder,
El ser humano solo no puede escribir.
Fue hecha con la inspiración divina,
Por eso ella es la palabra de la vida.

Un nuevo tipo de vida, ella puede conceder,
Donde el ser humano ya no va a perecer.
El alma del ser humano vivirá eternamente,
Con Dios, su alma estará para siempre.

La palabra de Dios siempre va a ayudar,
De todos los males, la persona se va a librar.
Una garantía de vida, ella siempre tendrá,
La garantía de que con Dios irá a morar.

Falsedad en la comunidad

La gente desea la paz a los hermanos,
Pero, en verdad, hay guerra en sus corazones.
Dicen que a todos pretenden ayudar,
Pero, en el fondo, cada uno quiere resaltar.

Los hermanos viven en completa hipocresía,
Todos ellos siempre están diciendo mentiras.
Unos a otros, van tratando de engañar,
Diciendo que, la bondad, quieren sembrar.

Una comunidad que vive así está condenada,
Por los engaños de Satanás, ha sido contaminada.
De la voluntad de Dios, cada uno se apartó,
Ya nadie conoce el propósito del Señor,
Se olvidaron de aquello que Jesucristo predicó.

Jesús dijo que la comunidad necesita unión,
Conectándose unos a otros en la sinceridad del corazón.
Así, esta comunidad cristiana será un ejemplo,
Cumpliendo lo que Dios dijo sobre el comportamiento.

Con este ejemplo, el nombre de Dios se va a propagar,
Pues las personas sabrán la manera correcta de obrar.
Trabajan juntos sin ningún tipo de división,
Cada uno cumpliendo correctamente su misión.

Pesada carga

Mi carga, ya no puedo llevar,
Mis aflicciones, no consigo cargar.
Necesito que alguien venga a aliviarme,
Alguien que, verdaderamente, pueda ayudarme.

Me siento débil y muy debilitado,
Parece que a cada minuto se hace más pesado.
¡Ya no aguanto más! Estoy desesperado.
¿Quién vendrá que pueda aliviarme?
¿Quién podrá venir para ayudarme?

¡Jesucristo, ven aquí para ayudarme!
Estoy a punto de caer y, por completo, desanimarme.
Con tu poderosa mano, ven a sustentarme,
De esta tan grande aflicción quiero librarme.

Confío en que, en el momento preciso, vendrás,
Todos mis dolores, los curarás.
Por ti, mi vida será transformada,
Todas mis fuerzas serán renovadas.

Cuando vengas, mi espíritu mucho se alegrará,
 Sabiendo que el Señor viene a curar.
 Esperando tu bendición, voy a estar,
 Pues sé que Dios nunca me abandonará.

Favela evangélica

Una iglesia se instaló en mi vecindad,
Pensé que no iba a cambiar nada, era una más.
El tiempo fue pasando y la iglesia aumentando,
La gente de mi área estaba participando.

De vez en cuando, me llamaban para ir,
Pero siempre buscaba una manera de huir.
Decía que no tenía tiempo para rezar,
Que tenía cosas mejores que arreglar.

La iglesita seguía creciendo más,
Y yo pensaba: «¡Por mí, ¡qué más da!
A causa de ella, mi vida no va a cambiar,
No hay nada de que me deba preocupar.»

Mis colegas empezaron a ir,
Y siempre que podían, venían a invitarme a mí.
Como siempre, yo seguía huyendo,
Estaba siguiendo mi propio camino.

Con el tiempo, la gente dejó de matar,
Ya casi no había nadie para traficar.
No entendía por qué pasaba aquello,
Solo sé que el suburbio se quedó más tranquilo.

Entonces empecé a pensar:
‹‹¿Qué hay de diferente que hace todo cambiar?››
Finalmente, pude entender lo que pasó,
Todo era resultado de aquella iglesia de Dios.

Al fin y al cabo, la favela evangélica estaba creciendo,
La vida de mucha gente estaba mejorando.
Por primera vez, admití que estaba equivocado,
Y que era Dios el responsable del resultado.

Un día decidí aceptar la invitación de un amigo,
Fue a la iglesia para conocer a Jesucristo.
Ese día, me gustó todo lo que oí,
Aquel camino prometí que iba a seguir.

Siguiendo a Jesús, mi vida cambió,
Entregué mi camino al Señor.
Aquello que odiaba, pasé a querer,
A quien no conocía, pasé a amar, a prender.
Estaba perdido y Jesús me vino a salvar,
A su lado para siempre voy a estar.

Misericordia para el justo

Toda la Tierra, el Señor está mirando,
La necesidad del afligido, está observando.
En el momento preciso, el Señor actuará,
De toda ruina y peligro, Él lo guardará.

Para que el afligido reciba su misericordia,
Necesita tener siempre a Dios en su memoria.
Recordando lo que el Señor ya había hecho,
Recordándose de que la oración siempre tendrá efecto.

En caso de que no se acuerde de estas cosas,
Él pasará a actuar de manera muy loca.
Los caminos del Señor, va a abandonar,
Las ofertas del mundo, empezará a buscar.
Haciendo esto, de la voluntad de Dios, se alejará.

Para recibir el perdón, necesitará humillarse,
Ante el Señor Dios, tendrá que implorar.
Solo así el Señor concederá el perdón,
Y sobre el siervo, de nuevo, estará su protección.

El siervo continuará esperando al Señor,
Confiando en que Dios será su protector.
Por las misericordias de Dios, va a esperar,
Sabiendo que el Señor nunca va a fallar.

El fin del ser humano

No hay nada de que el ser humano se pueda gloriar,
Ni el más poderoso de la Tierra quedará.
Todos, tanto grandes como pequeños, morirán,
En el tiempo preciso, a la sepultura, descenderán.

En el cuerpo humano no hay magnificencia,
De nada sirve vivir en arrogancia.
Por Dios, un día, todos serán probados,
En cada uno, el Señor juzgará el pecado.
Y según cada obra hecha, dará su pago.

Aquel que vivió siempre practicando el pecado,
Al abismo profundo del infierno será lanzado.
El que tuvo la vida correcta ante el Señor,
Formará parte de la mesa de sus hijos de amor.

Ese es el destino final de todo ser humano,
En otra realidad, no sirve de nada estar pensando.
Solo hay una cosa en que cada uno necesita pensar,
El destino final de su alma al expirar.

El perdón agradable

Existen cosas muy agradables al Señor,
Una de ellas es el arrepentimiento del pecador.
La persona que, delante de Él, se humillará,
Implorando para que Dios lo pueda perdonar.

El Señor ve en la persona su real intención,
Analizando si aquello viene directo del corazón.
Cuando el Señor percibe la sinceridad,
Él le concederá el perdón y la libertad.

Aquel que era un pecador será perdonado,
Está libre de toda culpa y de todo pecado.
Entrará en un tiempo de alegría y felicidad,
No estará más practicando ninguna iniquidad.

Su camino ahora pertenece al Señor,
Su antiguo comportamiento cambió.
Ahora hace todo para agradar al Creador,
En todos los mandamientos, él mantiene el temor.

De los males terrenales, aprendió a se desviar,
Haciendo esto, en plenitud, siempre vivirá.
Caminando para el día de la plena felicidad,
Cuando va a morar con Dios en la eternidad.

El pueblo de Jesús

Para un pueblo específico, Jesús fue enviado,
Pero sus escogidos no quisieron aceptarlo.
Por gran parte de los suyos, Él fue negado,
La negación fue tanta, que intentaron matarlo.

Aun así, de las personas, Jesús no desistió,
Se reveló para un pueblo pecador, el gentil.
Con mucho celo, muchos del pueblo lo recibieron,
En las palabras que dijo, muchos de ellos creyeron.

Una nueva oportunidad se les daba,
La oferta de vida eterna se les presentaba.
Todos los pecadores tuvieron la oportunidad de salvarse,
Bastaba que, la fe en Jesús, fueran a profesar,
Y su santo nombre, pudieran confesar.

Así, el Señor Jesús recibe a toda nación,
Él recibe a aquellos que lo tienen en el corazón.
Es por eso que hoy podemos tener la salvación,
Jesucristo decidió tener gran aceptación.

Por todo esto, todos tienen mucho que agradecer,
Sabiendo que, en Jesucristo, podemos creer.
Esperando el día en que a todos buscará
Y para la vida eterna a su lado, nos llevará.

Verdad eterna

En este mundo humano, todo pasará,
Ninguna cosa para siempre durará.
El ser humano, en el tiempo cierto, morirá,
Todo lo que existe siempre se transformará.
Solo hay una cosa que nunca cambiará...

Lo que no cambia es la Palabra de Dios,
Siempre quedarán las palabras que escribió.
Por varias generaciones, su Palabra ya pasó,
Sus escritos y designios, nadie los cambió.

No hay cómo cambiar lo que es verdad,
Es imposible intentar romper la realidad.
El perverso hasta intenta desacreditar,
Pero luego viene algo para le castigar,
Y las palabras que dijo, nadie va a recordar.

Con la Palabra de Dios, sucede diferente,
Ella permanece fiel y es recordada eternamente.
Es recordado todo lo que Dios ejecutó,
Con ella, es conocido lo que el Señor planificó.

A través de la Palabra, el ser humano se puede salvar,

Si sus enseñanzas, él decide aceptar.

Aceptándolas, más cerca del Señor, se quedará,

Y el cumplimiento de la escritura, él verá.

El ser humano verá que todo el mundo cambiará,

Y la Palabra de Dios siempre permanecerá.

La voz

Una voz me llama para regresar,
Esa voz dice que voy a morar en otro lugar.
Un lugar muy diferente de todo aquí,
Un lugar donde el mal no va a alcanzarme.

La voz, mansamente, continúa llamándome,
Parece que en mi corazón está entrando, llenándome.
Una voz tan dulce que no puedo resistir,
Al oírla, pronto tuve ganas de seguir.

Fui siguiendo para ver a dónde me iba a llevar,
Me condujo a un lugar diferente, el altar.
Y allí, la voz habló mucho más conmigo,
Diciendo que, para avanzar, necesitaba de Cristo.

Me decía que solo Jesús me podría llevar,
Solo con Él iría a mi verdadero hogar.
Fuera de él, no había ninguna posibilidad,
Fuera de Jesucristo no había verdad.

Todas estas palabras se grabaron en mi corazón,
Acepté a Jesucristo para mi salvación.
A partir de aquel día, Él me habló más a mí,
Diciendo que debía seguirlo y esperar por el fin.

Esa realidad pasó a formar parte de mi vida,
Sigo mi camino con Jesús todos los días.
Esperando el día en que con Él estaré,
Esperando el día en que con Él moraré.

Espíritu condenado

Para los malos hay un lugar reservado,
Un lugar terrible para el que comete pecado.
Tan terrible que cualquiera desearía morir,
Pero después de muerto, no hay nada que hacer, ni huir.

En ese lugar, todo será oscuro y tenebroso,
El que fue pecador tendrá un nuevo cuerpo.
Un cuerpo que ya no podrá morir,
El cuerpo que eternamente va a vivir.

Este cuerpo es su espíritu inmortal,
Y será torturado de forma brutal.
Los gritos de dolor no van a servir de nada,
No habrá cómo el espíritu pueda ser salvado.

Con dolores inexpresables, será castigado,
El sufrimiento de la carne será multiplicado.
Su mayor miedo en vida se volvió realidad,
La condenación por toda la eternidad.

Parte de su condenación fue escogida,
La persona no siguió al Señor en vida.
En los placeres del mundo, prefirió se deleitar,
Olvidándose de que un día iba a expirar.

Muchas oportunidades, el Señor le dio,

La oportunidad de la paz eterna, le ofreció.

Solo que el pecador nunca quiso aceptar,

Y después de muerto, por toda la eternidad sufrirá.

Apoyo

La persona necesita saber dónde se va a apoyar,
Apoyándose en cosas erradas, va a tropezar.
Debe apoyarse en aquello que es verdadero,
Y no en las cosas vanas que no tienen provecho.

Muchas personas se apoyan en sus riquezas,
Confían en el dinero como su única certeza,
Generando en su corazón el pecado de la avaricia.
Ellas no ven en esa práctica nada de errado,
Cada uno piensa que está bien apoyado.

En el dinero y las riquezas, nadie se debe apoyar,
Porque todas estas cosas un día van a acabar.
El "poder" que proporcionan al ser humano terminará,
Y lo que era un apoyo cierto, en poco tiempo, se deshará.

Solo existe una verdad en que la persona se puede apoyar,
Es el Señor Dios que por toda la eternidad existirá.
Él es el único que realmente tiene gran poder,
Dios es omnipotente y todo lo necesario puede hacer.

Él hace todas las cosas para la persona confiar,

Demostrando muchas señales para acreditar.

Haciendo esto, el Señor espera una transformación,

Cambiando el pensamiento y confiando en su protección.

El amor de Dios

¡El amor de Dios por todos nosotros es sensacional!
¡A nuestro favor, Él actúa de manera sobrenatural!
Él nos ama tanto que a su hijo sacrificó,
Para que todos pudieran conocer su amor.

Jesucristo vino para hacer la aproximación,
Con el Espíritu Santo tocando cada corazón.
Dios hace todo para que sintamos su amor,
Él quiere que lo reconozcamos como Señor.

¡No es posible expresar el amor del Señor!
¡Pues es tan inmenso que escapa de nuestra comprensión!
Es un amor tan profundo que va directo al corazón.
El sentimiento es tan fuerte que supera toda emoción.

Por más que escribiera, no es posible explicar,
Con palabras, este amor no es posible demostrar.
Es un amor que solo el creyente puede entender,
Un amor tan fuerte que hace que cada uno se avergüence.

El avergonzamiento es una señal de agradecimiento,
Pues sabemos que este amor, no lo merecemos.
Fue Dios quien escogió a cada uno para amar,
Con su amor, Dios decidió nos regalar.

Retribución

Algunos practican el mal sin se preocupar,
Piensan que en sus vidas nada ocurrirá.
En sus corazones, las intenciones malignas van a brotar,
Viven maquinando maldades para practicar.
Ejecutan sus malas obras sin se importar.

Este pensamiento inconsecuente está errado,
Por todo lo que hizo, cada uno será recompensado.
Nada de lo que fue hecho quedará en la impunidad,
El Señor retribuirá conforme a su verdad.

Aquel que fue bueno, con el bien, Dios pagará,
El que practicó la maldad, muchos males recibirá.
Esa es la verdadera justicia venida del Señor,
De toda la tierra, Dios es el juez y gran legislador.

De la gran justicia de Dios no hay cómo escapar,
Dondequiera que la persona esté, Él la alcanzará.
Por eso es imprescindible practicar la bondad,
De lo contrario, recibirá en su vida gran maldad.

Antes de que el Señor ejecute su juicio,
Él aún da una oportunidad para cada hijo.
Dios le dice a su hijo que se arrepienta y cambie,
Así, su justicia divina Él la va a suavizar.
Incluso suavizando, la retribución sucederá.

La navegación

Nuestra vida es como una gran navegación,
Para seguirla bien, se necesita una buena dirección.
Alguien que, para un buen lugar, pueda llevar,
Una persona que verdaderamente sepa guiar.

Hay solamente un capitán que nos puede salvar,
Es Jesucristo que, en nuestro barco, debe estar.
Para el bien, solo el Señor puede conducir,
Todo tipo de tempestad, Él podrá reprimir.
Contra nuestro barco, la tempestad no prevalecerá,
Pues el gran capitán nos ayudará a pelear.

El combate podrá ser muy fuerte y violento,
Contra nuestro barco se levantarán grandes vientos.
Serán muchas cosas que vendrán para nos desviar,
En ese momento, en el capitán, debemos confiar,
Así, con su poderosa mano, Él nos ayudará.

La ayuda de nuestro buen capitán nunca fallará,
Cuando más la necesitemos, Él nos socorrerá.
La dirección del barco de nuestra vida, Él asumirá,
Para un puerto seguro y calmo, Jesús nos llevará.

Aun estando seguros, no podemos vacilar,
Pues, de repente, otra tempestad puede comenzar.
En todo momento es preciso orar y vigilar,
Sabiendo que, si algo sucede, el capitán se levantará.

La voz de Dios

En nuestra vida, necesitamos tener gran sensibilidad,
Necesitamos estar sensibles para oír la verdad.
La verdad es todo lo que el Señor nos viene a hablar,
Son todas las palabras que Él nos va a pronunciar.

Dios puede venir a hablarnos de muchas maneras,
Puede ser leyendo la Biblia o adorándolo en la iglesia.
A través de nuestros sueños, Dios también puede hablar,
Él nos muestra claramente el camino que debemos andar.

Además de los sueños, en nuestra mente, Dios puede hablar,
Con una dulce y mansa voz, en nuestro oído susurrará.
Será una voz que no habrá como engañarse,
Será algo diferente de lo que estamos acostumbrados a escuchar.

Después del mensaje de Dios, tenemos que agradecer,
Dándole a Él alabanzas por habernos mostrado su poder.
Al oír la voz de Dios, debemos sentirnos privilegiados,
Porque el Señor vino para darnos su recado.
Aunque no lo merezcamos, el Señor nos viene a ayudar,
Indicándonos cuál es el mejor camino que debemos andar.

Desahogo personal

Señor, parece que el Evangelio está perdido,
Las personas hablan más de sí mismas y menos de Cristo.
La simplicidad de Jesús, nadie quiere predicar,
Solo viven diciendo que el Señor bendecirá.

Para conseguir su bendición es necesario ofrendar,
Si es posible, todas las cosas del fiel, van a solicitar.
Alegando que solo así Dios ayudará,
Y que el Señor solo ayuda a aquel que mucho donar.

Los líderes parecen ser entrenados para recaudar,
Son como vendedores que tienen metas que alcanzar.
A toda costa intentan hacer sus "amados" fieles obedecer,
En la servidumbre de los menores, parecen tener algún placer.

La gracia vista en la cruz poco a poco va siendo olvidada,
Muchos no piensan en lo que Jesús hizo por nuestras vidas.
Viven presos bajo la ley y de la pesada explotación,
Apenas obedecen a muchas reglas y se olvidan de la salvación.

Todo dentro de la congregación pasó a tener algún ritual,
Hay una búsqueda incesante para que suceda algo sobrenatural.
La revelación bíblica ya no expresa lo que va a suceder,
Todos los días hay iglesias diciendo tener un nuevo "mover".

¡Ay, Dios mío! Ayúdame, dame fuerzas para sobrevivir,
No dejes que la contaminación del Evangelio llegue a mí.
Que yo pueda siempre seguir todas las palabras de Cristo,
Que yo pueda ser alguien que ayude a cambiar todo esto.

La imagen

Un día una persona encontró una imagen,
Y dijo que aquella figura tenía un mensaje.
Fue dicho que era un mensaje del Señor,
Y que todos debían adorar lo que ella encontró.

Así, muchos santos van siendo proclamados,
De todos los tipos, desde los simples hasta los adornados.
A todos ellos se les atribuye algún tipo de poder,
Dicen que aquellas imágenes algo pueden hacer.

Esa doctrina es apenas una forma de distracción,
Sacando a las personas de la verdadera adoración.
Llevándolas a hacer aquello que es condenado,
Haciendo lo que Dios definió como pecado.

Cuando alguien cuestiona tal tradición,
Las personas dicen que es parte de su religión,
Y que no hay ningún motivo para reprensión.
Ellas no saben que practican gran abominación.

Con ese pensamiento, muchos se están perdiendo,
La verdad dicha por Dios, no la están entendiendo.
¡Dios dijo que solamente Él es digno de adoración!
¡Solamente del Señor Dios debe ser el corazón!

Y aquel que haga cualquier cosa diferente de eso,
No tendrá parte en su reino con Jesucristo.
En lo profundo y terrible infierno será lanzado,
Donde pagará eternamente por sus pecados.

La maravilla de la creación

Toda la creación de Dios es tan maravillosa,
Todo lo que Él hizo tiene una función provechosa.
La naturaleza, con todas sus particularidades,
Solo pudo ser creada por una gran genialidad.

Son detalles imposibles de ser reconstruidos,
Son las estructuras vitales de todos los seres vivos.
Ni todo el conocimiento humano podría crear,
Solo el Dios Todopoderoso para todo diseñar.

En el diseño, Dios esboza su gran perfección,
Mostrando al ser humano la naturaleza de su corazón.
El Señor tiene un corazón muy amoroso,
Creando un mundo perfecto para su pueblo.

En aquel mundo vacío, algunos humanos, colocó,
Pronto aquel pueblo se multiplicó.
Y el ser humano comenzó a explorar la tierra,
Usando el agua, las montañas y la hierba.

El ser humano vio que su actividad era lucrativa,
Y decidió que, con eso, se ganaría la vida.
Siguió explorando lo que Dios dejó,
Con la renovación de la tierra, no se preocupó.

Por causa de la avaricia, el mundo está condenado,
Todos los recursos naturales serán agotados.
El ser humano destruyó el mundo perfecto del Creador,
Acabando con un gran proyecto de amor.

Entrega al Señor

Ante el Señor, voy a presentarme,
A la voluntad de Dios, voy a entregarme.
Todo lo que el Señor quiera, voy a hacer,
Me quedaré sujeto a Él y a su querer.

No voy a vivir más mi propia vida,
Viviré la vida que por Dios fue escrita.
Aceptando todo lo que el Señor planeó,
Olvidándome de lo que el mundo me enseñó.

Todo lo que Dios diga, quiero aceptar,
Ninguna de sus instrucciones, voy a cuestionar.
Sé que Dios tiene el mejor camino,
En Él, puedo esperar un buen destino.

El destino reservado por Dios es el crecimiento,
Mi vida espiritual tendrá gran aumento.
De este modo, más cerca del Señor, voy a llegar,
En su gran y maravilloso amor, voy a navegar.

Señor, mi vida está a tu disposición,
Haz en ella conforme a la voluntad de tu corazón.
Todas tus órdenes, siempre voy a aceptar,
Ante tu inmensa soberanía, me voy a sujetar.
Pues fuera del Señor, no hay cómo me salvar.

María y Elisabet

María nunca pidió ser adorada,
Ella solo cumplió la misión que le fue dada.
María llevó al Hijo del Dios Vivo,
Fue la escogida para ser la madre de Cristo.

Dios escogió a María, para Él exaltarse,
Demostrando el milagro que iba a operar.
Cumpliendo lo que fue dicho antes como profecía,
Que, de una virgen, el Salvador vendría.

Casi al mismo tiempo, otro milagro sucedió,
La prima de María, Elisabet, también concibió.
Ese embarazo fue decretado por el Señor,
Nacería Juan Bautista, el gran predicador.

En dos mujeres, el Señor hizo el milagro,
Las dos reconocieron su poder y bondad.
Incluso siendo tan ricamente bendecidas,
Ninguna de ellas pedía ser engrandecida.

Ellas siempre supieron que eran un instrumento,
Y para ellas no se haría ningún monumento.
Su enfoque era hacer la voluntad del Señor,
Educando y criando humanamente al Salvador.

En el tiempo cierto, los dos niños nacieron,
Con sus madres, ambos crecieron.
Jesús y Juan Bautista sabían de su misión,
Traer a este mundo una nueva conversión.

Las madres de los dos no fueron más citadas,
Siendo entendido que no fueran adoradas.
Ellas cumplieron su papel delante del Señor,
Y le dieron a Dios toda la alabanza por su favor.

El gran amor de Dios

Las personas no saben agradecer al Señor,
No demuestran gratitud por su gran amor.
Por más que Dios esté siempre ayudando,
La persona siempre se está desviando y reclamando.

La persona sigue el camino que Dios no mandó,
Tiene actitudes pecaminosas que Dios condenó.
Haciendo cosas que lo alejan de la presencia del Señor,
Se vuelve humanamente despreciable, un pecador.

El amor de Dios es tan grande que Él puede perdonar,
Basta que el pecador vaya delante de él para suplicar.
De los pecados antiguos, el Señor no se acordará,
El alma que estaba perdida, Dios salvará.

Solo en el amor de Dios esto puede pasar,
Este amor es grandioso y todos lo pueden ganar.
El Señor quiere llevar a los escogidos a su amor,
Actuando para que puedan ver su favor.

En el momento que el escogido se posicionar,
Dios estará de brazos abiertos para le aceptar.
Para esta aceptación, la persona tiene que admitir,
Admitir que, sin este amor, no puede seguir.

El show tiene que parar

El espectáculo en el mundo evangélico tiene que parar,
La verdad, las personas necesitan volver a predicar.
Los motivos del cristianismo necesitan recordar,
Solo así habrá oportunidad para que cada uno se pueda salvar.

Los motivos del cristianismo son muy claros:
Jesús murió en la cruz por nuestros pecados.
El gran amor que Dios tiene por la humanidad,
La invitación que Dios hace para la eternidad.

Estos tres hechos parecen tener gran simplicidad,
Y el cristianismo debe centrarse en esta verdad.
Lamentablemente, en los últimos tiempos, todo ha cambiado,
Estos preceptos básicos no están siendo recordados.

Muchos "cristianos" hacen del Evangelio su show,
Dejando de lado todo lo que Dios enseñó.
Inventando nuevas prácticas para ser seguidas,
Creando un cristianismo diferente al de la Biblia.

Hacer esto tiene un claro y determinado motivo,
Cada uno de estos "cristianos" quiere ser autopromovido.
Muchas cosas, la persona desea conquistar,
Usando el Santo Nombre de Dios para se exaltar.

Estas personas llevan a muchos fieles a su lado,
Haciendo que los más ingenuos sigan su pecado.
Predicándolo como si fuera una verdad bíblica,
Esparciendo por toda la Tierra la destrucción de las vidas.

¡Este show de horrores necesita ser parado!
¡Todos necesitan ver sus pecados!
Así, al Evangelio verdadero podrán retornar,
Y el nombre de Dios y de Cristo, volverán a predicar.

Tempestad

En medio de la tempestad es difícil mirar,
La lluvia fuerte golpea y parece que va a derribar.
Las nubes taparon la luz, dejando todo oscuro.
Existe incertidumbre sobre cómo será el futuro.

No se sabe si el sol otra vez brillará,
No se sabe cuándo la tempestad pasará.
Por este camino se hace difícil proseguir,
La persona no sabe si, al final, lo va a conseguir.

En este momento es necesario prepararse,
Pidiéndole al Señor Dios para que nos ayude.
Por la tempestad más densa, Él nos guiará,
Hacia el camino de la bonanza, Dios nos conducirá.

Cualquier tempestad, Dios puede calmar,
Todo tipo de tormenta, Dios extinguirá.
La luz del sol, Dios hará brillar nuevamente,
Todo lo que era oscuridad será luz resplandeciente.

La visión que estaba turbia se aclarará,
La fuerte lluvia en calma se convertirá.
Toda la oscuridad que existía no prevalecerá,
En la certeza de Dios, la persona caminará.

La debilidad y el pecado

Nosotros, los humanos, somos seres muy corrompidos,
Es muy fácil que muchos pecados sean cometidos.
Prácticamente, cualquier cosa nos hace pecar,
Hasta una imagen nos puede desviar.

No sirve de nada pensar que podemos resistir,
Si nos imponemos, el pecado nos va a perseguir.
Viene para mostrarnos cuán débiles somos,
El pecado muestra su destrucción y estragos.

Si estuviéramos solos no podríamos sobrevivir,
Luchando solos, en poco tiempo íbamos a morir.
Aun siendo tan débiles, está el Señor para ayudar,
Su Santo Espíritu viene para nos auxiliar.

Estando firmes con Dios, Él nos socorrerá,
De muchas tentaciones, el Señor nos librará.
Dios nos ayuda para mostrar su amor,
Pues Él nos escoge y quiere ser nuestro Señor.

Otra solución

Muchas veces, una respuesta de Dios buscamos,
Deseamos que tenga compasión y venga a ayudarnos.
La mayoría de las veces, Dios dice que tenemos que esperar,
Pero cuando estamos ansiosos, no queremos aguardar.

La ansiedad hace surgir muchos tipos de imaginación,
Pensamientos equivocados van entrando en nuestro corazón.
En medio de la ansiedad, otras soluciones vamos a buscar,
Todo para que la ayuda rápidamente pueda llegar.

Esas soluciones, delante del Señor, no van a agradar,
Porque estamos desobedeciendo a su orden de esperar.
Esa desobediencia hace que el Señor se ausentar,
Él observará lo que nuestra solución limitada producirá.

La solución que buscamos no traerá el efecto deseado,
Fue algo inmediato y generó algún pecado.
El Señor está viendo todo lo que estamos haciendo,
Él espera el momento de nuestro arrepentimiento.

Cuando el momento del arrepentimiento ocurra,
El Señor vendrá y hará que su plan perfecto suceda.
Debe haber mucha gratitud por la bendición recibida,
Sabemos que, por mérito propio, no nos sería concedida.

Verdad perdida

¿Dónde están los creyentes como los bereanos?
¿Dónde están aquellos que prueban lo que están predicando?
¿Dónde están los que leen la palabra del Señor?
¿Dónde están los que solo aceptan lo que Dios habló?

Los cristianos teológicos están desapareciendo,
Y la verdadera iglesia está muriendo.
La iglesia que se preocupaba por el Señor,
Está siendo sustituida por lo que el ser humano inventó.

La Biblia ya no se toma en consideración,
Vale más la palabra del hermano "lleno de la unción".
Las palabras de los profetas fueron "ajustadas",
¡Las profecías y enseñanzas ya no valen nada!

El descrédito de la Palabra es culpa de los ciegos seguidores,
Personas que no leen y solo creen en los pastores.
Son falsos "sabios" cegados por su propia doctrina,
Ninguno de ellos tiene la verdadera Palabra de vida.

La verdadera Palabra es la cruz de Cristo, la gracia y la salvación,
La maravillosa gracia de Dios que nos lleva a la reconciliación.
La verdadera Palabra es el arrepentimiento verdadero y sincero,
Andar temiendo a Dios y siendo siempre correcto.

La verdadera Palabra es oír y todo analizar,
Investigando si en esa palabra podemos confiar.
Solo así, estaremos actuando de manera correcta,
Probando si toda predicación está o no cierta.

Dios es bueno

El Señor Dios está listo para perdonar,
La persona necesita arrepentirse e invocarlo.
Él perdona porque es el Dios maravilloso,
El único Dios Vivo, fuerte y poderoso.

Para que Él perdone, se necesita arrepentimiento,
La persona cambiará de vida y entrará en un nuevo tiempo.
Su pasado ya no importará,
El mejor tiempo de su vida comenzará.

Lamentación del pecador

Actualmente, vivo un terrible estado,
Siempre sale mal todo lo que hago.
No hay nadie que me pueda ayudar,
No hay nadie que me pueda animar.

Parece que el Señor me abandonó,
Él no se atentó a mi clamor.
Dios me dejó tirado ante mis enemigos,
Poco a poco, estoy cayendo al abismo.

Mis dolores se multiplican cada día,
Ya no veo motivos para seguir con mi vida.
Señor Dios, por favor, escucha mi llanto,
Derrama en mi vida tu renuevo.

Sé que mi pecado es grandioso,
Sé que hice mal y actué como un loco.
Tus leyes divinas, mucho desobedecí,
Tus caminos rectos, no seguí.

Soy consciente de que cometí pecado,
Y por eso, estoy en este estado.
Todo lo que sucede es por mi culpa,
Yo mismo busqué esta lucha.

Alabanza en la eternidad

Los que habitan en su templo tienen una misión,
Todo el tiempo dedicándose a la adoración.
Al Señor Dios, eternamente, van a adorar,
Sobre sus grandes maravillas, van a cantar.

Este es el destino de aquellos que fueron escogidos,
Eso es lo que está reservado a los que llamó hijos.
Se quedarán por toda la eternidad al lado del Señor,
En todo tiempo, sus almas proclamarán la alabanza con fervor.

Ante el gran trono de Dios, ellos van a estar,
Viviendo en la plena luz, donde la noche no llegará.
Un lugar donde la luz del Señor es resplandeciente,
Donde todos serán la misma familia eternamente.

Por toda la eternidad no habrá ningún dolor,
Los hijos de Dios vivirán en pleno amor.
Siendo amados y amando al Dios que los creó,
Disfrutando de todas las maravillas del Señor.

Maravillas que no son posibles de contar,
Sensaciones imposibles de describir o demostrar.
Solo los escogidos por Dios las tendrán,
Los pecadores a quienes Él llamó y se arrepintieron.

Un día con Dios

Un día a tu lado es algo muy valioso,
No hay nada en el mundo más provechoso.
Solo a tu lado se puede tener alegría,
Un día con Dios es la mayor maravilla.

Junto al Señor mora la felicidad,
A su lado están la justicia y la verdad.
Todos los caminos de Dios son bondad,
Donde está el Señor no existe la maldad.

Con el Señor, nada puede ser comparado,
Fuera de su presencia solo existe el pecado.
De nada vale estar lejos del Señor,
No existe otro lugar para recibir amor.

Dios ama a sus hijos sin medida,
Es el mayor amor que existe en toda la vida.
Por eso es tan bueno estar a su lado,
Es un gran placer, por Él, ser amado.

Jesús a nuestro lado

El Señor Jesús está siempre a nuestro lado,
Siempre socorriendo cuando se está necesitado.
Él siempre está hablando a nuestro corazón,
Ayudándonos a tomar la más acertada decisión.

Jesús quiere guiarnos por su mejor camino,
Siguiendo una trayectoria con su amor y cariño.
Un trayecto que no nos añadirá ningún dolor,
El camino de Jesús nos conducirá a su amor.

El amor de Jesucristo es fuerte y poderoso,
Es tan grande que, ante nuestros ojos, es escandaloso.
Un amor escandaloso de tan grande que es,
Un amor tan fuerte que nos atrae hacia su fe.

La fe en el Señor es lo que nos hace caminar,
La fe es lo que hace a Jesucristo actuar.
Teniendo fe, con nosotros, el Señor siempre estará.
A nuestro lado, por toda nuestra vida, caminará.

Caminando con nosotros, para otro lugar nos llevará,
Para la maravillosa vida eterna, Jesús nos conducirá.
Por toda la eternidad, con Él, podremos morar,
De su majestuosa presencia, nunca nos vamos a apartar.

La Gracia

Gracia, en el diccionario, quiere decir favor inmerecido,
Gracia, en el cristianismo, es el amor de Dios con sus hijos.
Con la primera definición, una certeza es explicada:
Dios agracia a la gente, aunque no merece nada.

La gracia de Dios es algo que no se puede imaginar,
Es tan sobrenatural que nadie la puede explicar.
No podemos explicar el porqué, solo recibirla,
Recibimos la gracia todos los días en nuestras vidas,
La gracia de Dios está presente cuando vemos sus maravillas.

Las maravillas de Dios no consigo describirlas,
Su creación es tan maravillosa que es imposible comprenderla.
No comprendo cómo el Gran Creador puede amarnos,
No comprendo por qué Dios decidió salvarnos.
Somos tan pecadores que tal bendición es imposible de explicar.

Aun buscando en la ciencia, no encontraría la respuesta,
Nunca entenderé por qué Dios nos dio esta chance maravillosa.
Dios les dio a las personas la oportunidad de vivir eternamente,
A través de Cristo, tuvimos acceso a Él libremente.

El acceso a Dios fue una puerta abierta que nunca se cerrará,

Pueden entrar todos los que el Señor llamar.

Los llamados, en su maravillosa gracia, entrarán,

Fueron escogidos por Dios para la salvación y, con Él, morarán.

La gracia no tiene valor

El Evangelio de la Gracia de Dios ya no tiene valor,
A algunos no les importa la cruz del Señor.
Muchos están obstinados por conquistar,
El sacrificio hecho por Jesús, no quieren recordar.

Muchos líderes insisten en predicar la "nueva verdad",
Dicen que Dios creó a todos para tener prosperidad.
Palabras como gracia y salvación no entran en la predicación,
Solo se oye hablar de realizar los deseos del corazón.

Lo peor es que el deseo del corazón no es adorar y alabar,
El mayor deseo del corazón es todo conquistar.
Muchos tienen el deseo de humillar a sus enemigos,
Quieren esto para exaltarse y parecer magníficos.

Con estas prácticas, las personas hacen todo equivocado,
Van a la iglesia, pero hacen lo contrario de lo que fue enseñado.
El Señor Jesús enseñó que se necesita humildad,
Y que la exaltación depende de Dios y de su voluntad.

Jesús mostró cuál es la mayor fortuna que se puede tener,
El tesoro debe estar donde la polilla no puede corroer.
La mayor prosperidad es la salvación del Señor,
La mayor riqueza es estar al lado del Salvador.

Un agradecimiento

Todos los días que despierto tengo motivos para agradecer,
Doy gracias a Dios por un día más poder vivir.
Es por su maravillosa gracia que puedo levantarme,
Si no fuera por el Señor, no podría despertarme.

Solo Dios puede siempre guardarme,
Por sus maravillosos caminos, Él va a guiarme.
El Señor hace esto no porque yo sea merecedor,
Dios lo hace todo para que pueda ver su amor.

El amor que Dios tiene va mucho más allá de nuestra razón,
Un amor tan fuerte que habla directo a mi corazón.
Mi corazón desea clamar para agradecer,
Alabando a Dios todos los días por su proceder.

Gracias, Señor, por estar siempre a mi lado,
Te agradezco, Dios, por el perdón de todos los pecados.
Doy gracias a Ti por tener cada día mi alimento,
Agradezco al Señor por cada fase de mi crecimiento.

Obstáculos

Todos los días algo se puede levantar,
Son cosas que me quieren desanimar.
Todo para que mi fe se enfríe,
Y contra Dios, algo pronuncie.

Los impedimentos no servirán de nada,
Ninguna queja será pronunciada.
Sé que todo lo que sucede tiene un plan,
Puede ser doloroso, pero Dios lo está controlando.

El Señor está al frente en el camino,
Él no deja que yo siga solo en mi destino.
Todas las cosas son para me fortalecer,
Todo es para evolucionar y crecer.

No hay nada capaz de desanimarme,
Mi esperanza, en Dios, está.
En sus planes, siempre voy a confiar,
En el momento justo, su providencia llegará.

Para que todo salga bien, solo necesito esperar,
Confío en que la ayuda de Dios nunca fallará.
Cuando la providencia de Dios llegar,
De manera tremenda, me voy a alegrar.

La Voz del Señor

Escucha la voz del Señor,
La voz habla con amor.
La voz del Señor está diciendo:
"Haz la buena elección."

La buena elección es la vida.
Una vida a la luz del Señor.
Saliendo de la noche oscura,
Tú sobrevivirás.

El Señor te protege,
Su bendición es para ti también.
Cree en la Palabra del Señor,
Porque somos su rebaño.

El rebaño debe obedecer al pastor,
Un pastor que vino de Dios,
Pastoreando muchos tipos de ovejas.
Cuidando que nadie se duerma.

Egoísmo en la religión

Con el paso del tiempo, nos volvemos egoístas,
No vemos al prójimo, solo nuestras conquistas.
Por nuestras realizaciones, mucho vamos a luchar,
Haciendo nuestro mejor esfuerzo para algo alcanzar.

Ese sentimiento es profundo en el corazón,
El egoísmo está incluso en nuestra religión.
Siempre decimos que seguimos al Señor,
Pero nos olvidamos de lo que Jesús nos habló.

Nos olvidamos de ayudar al hermano necesitado,
Pero no olvidamos lo que nos es necesario.
En la iglesia, hablamos de un gran amor fraternal,
Pero no ayudamos al hermano en su día mal.

Si el pastor pide una ofrenda para la prosperidad,
Todos ofrendan alegres y de buena voluntad.
Pero cuando alguien pide un plato de comida,
Somos indiferentes ante esa vida.
El amor del cristianismo se convirtió en hipocresía.

Los de afuera ven lo que ocurre con los cristianos,
Y no entienden dónde está el amor en el corazón.
Por causa de eso, muchos no se van a convertir,
Con tanto egoísmo, no podrán vivir.

La Palabra del Señor

No solo de pan vivirá el hombre,
Él necesita de la palabra de Dios para alimentarse.
En la Biblia encontramos mucha sabiduría,
Ella es una dirección para nuestras vidas.

La Biblia puede a todo explicar,
Nuestras dudas, las va a retirar.
La verdad de Dios, nos mostrará,
Nos enseñará cómo vivir y cómo orar.

Es un libro siempre actualizado,
En cada lectura parece renovado.
La Biblia nos cuenta desde el pasado,
Hasta el día en que todo estará terminado.

Fue escrita bajo inspiración del Señor,
En revelaciones hechas a personas con temor.
Personas que dedicaron a Dios sus vidas,
Personas que por el Señor fueron escogidas.

Dios dejó su Palabra para ser leída,
Y no para quedarse empolvada y escondida.
Ten fe, pues este libro cambiará tu vida.
Ten fuerza y lee la Biblia todos los días.

Hijo amado y obediente

Hijo mío, ven a tu padre bondadoso,
Quédate conmigo, pues soy muy cuidadoso.
Todo lo que venga contra ti, te protegeré.
De todo mal, te libraré.

Te guardaré con mi mano derecha,
Te protegeré de toda amenaza.
En campos prósperos, te colocaré.
Todo lo que toques, fructificará.

Hijo mío, solo te pido una cosa:
Ámame con todo tu corazón.
Huye de toda abominación.
Sigue mis mandamientos y mi ley.
Y serás mi hijo amado.
Y tu Dios Padre, yo seré.

Pero si no quieres obedecerme,
Mucho sufrimiento vas a padecer.
Los males de la tierra vendrán sobre ti.
Nada de lo que hagas prosperará.
Ni tu semilla perpetuará.

Te doy la gran oportunidad:

Sígueme y sé mi hijo amado.

Así seré tu Dios y Padre.

Bajo mi gracia, siempre te voy a guardar.

Y en mi morada celestial, morarás.

El cambio de un desobediente

Al principio, no tenía ninguna obediencia,
Para cambiar, hubo mucha lucha y persistencia.
Al comienzo, tu voluntad no quise aceptar,
Elegía mis propios caminos para andar.
Pensaba que, así, mi vida iba a mejorar.

Tu camino parecía ser tan estrecho,
Sentía que no pasaría con mi estilo.
Mi estilo es ser libre y sin obligación,
En nada serio jamás até mi corazón.
La sumisión me parecía una humillación.

No entendía cómo tanta gente te seguía,
Personas que te buscaban todos los días.
Para ellos, no había ningún tipo de barrera,
Si era preciso, oraban una noche entera.
En mi mente, todo eso era una tontería.

¿Obedecer a alguien que ni siquiera estoy viendo?
¿Creer en la palabra que un libro está prometiendo?
Mirándolo desde mi lógica, parecía una inutilidad,
No lograba creer que todo aquello era la verdad.
Nunca me acostumbraría a ese tipo de realidad.

En el momento más elevado de mi incredulidad,
El Señor me mostró la maravilla de su verdad.
El Dios Todopoderoso me mostró su gran amor,
Fue conversión a primera vista, entendí que Él me salvó.

Durante mucho tiempo, Dios ya estaba en mi camino,
Él nunca me había dejado caminar solo.
Por más distante de Él que yo pudiera estar,
El Señor estaba conmigo para del mal, me salvar.

Un día, este gran amor, finalmente, lo comprendí,
Un cambio definitivo en mi vida, decidí.
A partir de ese momento, con Dios iba a andar,
Y de sus caminos, nunca más, me iba a apartar.

El terrible fin

Al final de los tiempos, habrá una gran tribulación,
Habrá sufrimientos y dolores en todas las naciones.
Será el cumplimiento de la mayor de todas las profecías,
Será el cumplimiento de aquel gran y terrible día.

Las personas buscarán una forma de fallecer,
Pero, la mano de la muerte, no podrán ver.
Los humanos perversos sufrirán terribles dolores,
Sentirán fuertes dolores y darán gemidos inexpresables.

Ese será el castigo final para sus abominaciones,
En sus vidas, no se arrepintieron de sus acciones.
Prefirieron seguir el camino ancho, con maldad,
Despreciando el camino estrecho y la divina verdad.

Sobre este terrible fin, el Señor mucho anunció,
En un libro verdadero, estas palabras, Él colocó.
Dándole al pecador una oportunidad de cambiar,
Ofreciéndole a muchos la oportunidad de se salvar.

Aun con tanto aviso, algunos no escucharon,
Y por el camino equivocado, prosiguieron.
Al final, cada uno será bien recompensado,
Recibiendo el castigo que merece su pecado.

La elección del Señor

Toda conversión es iniciada por la mano del Señor,
Es Dios quien primeramente elige al pecador.
Para esa pequeña e ingrata vida, Él comienza a mirar,
Y la conversión de sus errores, Dios comienza a obrar.

El Señor genera situaciones para que la persona cambie,
Guiándola por un camino para que se salve.
En este camino, Dios usa a personas para hablar,
Usa oportunidades para su misericordia demostrar.

Todos los acontecimientos, la persona los va a percibir,
Y pensará que, en su vida, algo va a ocurrir.
La persona aún no sabe que por Dios fue escogida,
No tiene idea de que el Señor salvará su vida.

El tiempo pasa y el plan de Dios, ella puede entender,
Entiende que el Señor hizo mucho para no perecer.
Del trabajo del Señor, la persona comienza a acordarse,
Su corazón se quebranta y, al Señor, va a entregarse.

Su alma, espíritu y cuerpo son entregados al Señor,
El pecador acepta a Jesucristo como su Salvador.
A partir de este momento, en el buen camino, andará,
Agradeciendo siempre el amor de Dios por salvarla.

Vamos a seguir

Vamos a caminar, hermanos,
Vamos a caminar, hermanas,
Vamos a seguir firmes con Dios,
Para hacer un nuevo mañana.
Para este futuro comenzar,
Hoy mismo, tenemos que trabajar.

El trabajo será arduo y pesado,
Necesitaremos ser muy fuertes,
Para resistir a todo pecado.
Resistiendo también a la tentación,
Y no contaminando el corazón.

Es preciso concentrarse en el Señor,
De las cosas malas, nos debemos apartar,
Dejando atrás el deseo pecador.
Solo a la cruz, debemos mirar,
Para que la sangre, podamos contemplar.

La sangre es muy preciosa,
Es la sangre de Jesucristo.
El precio pagado para salvar al pueblo.
Es por esa sangre que vamos a luchar,
La gloria de Dios la vamos a mostrar.

Esa gloria se manifiesta trabajando,
Cuando las personas vean algo suceder,
Se dan cuenta de que todo está cambiando,
Y en el poder del Señor, comienzan a creer.

Muerte inminente

Estoy nadando, pero siento que me ahogaré,
Estoy flotando sobre las aguas, pero pronto me hundiré.
Me estoy debilitando, ya no puedo sostenerme,
Mi cuerpo está debilitado, no puedo continuar.

Estoy sin fuerzas, no más consigo luchar,
Todo indica que es mi fin y no voy a escapar.
Mis ojos se cierran, la luz no puedo ver,
Mi muerte va a llegar, no hay nada más que hacer.

Estoy hundiendo rápidamente, pronto no voy a respirar,
Las aguas me jalan, en el lecho profundo, me sepultarán.
En este momento, no tengo esperanza de sobrevivir,
Solo espero hundirme y morir pronto, sin sufrir.

Estoy inconsciente, mi vida se está yendo,
Todo se ha terminado, moriré ahora...
Algo pasó, alguien fue al fondo a rescatarme,
Está haciendo su mejor esfuerzo para salvarme.

Me sacó de las aguas profundas, está intentando reanimarme,
Siento que incluso daría su propia vida por salvarme.
No se rinde, insiste, no quiere perderme,
Se está sacrificando por mí, para que pueda vivir.

Empiezo a despertar y veo a un hombre sonriéndome,
Él dice: ‹‹No vas a morir ahora, este no es tu fin.››
Confundido, respondo: ‹‹Pero, ¿quién eres tú y por qué hiciste tanto?››
Respondió: ‹‹Soy Jesús, e hice todo esto porque te amo.››

Me quedé atónito con las palabras que pronunció,
No podía creer que fui salvado por el Gran Señor.
Antes de todo esto, pensaba que, por mí, nadie se preocupaba,
Pero ahora todo era diferente, fui salvado por aquel que no esperaba.

Jesús siguió hablando con muchas palabras de amor,
Decía que era la vida, la paz, la misericordia, el Salvador.
Me consolaba, me tranquilizaba, me calmaba,
A partir de ese momento, pude ver cuánto Jesús me amaba,
Y decidí que, por el resto de mi vida, guardaría esas palabras.

La salvación en medio de la soledad

Miro los problemas y no veo una solución,
Miro a mi alrededor y no hay nadie, solo la soledad.
Me siento débil, sin fuerzas para continuar,
Mis pies fallan, no consigo caminar.

Busco socorro y nadie viene a ayudarme,
Por más que pida, soy totalmente ignorado.
¡Socorro! ¡Necesito ayuda! ¡Alguien, por favor!
No me dejen morir aquí, necesito un salvador.

Llegué a mi límite, estaba completamente agotado,
Ya me rendí, sé que por todos fui ignorado.
No hay nadie que extienda la mano para me salvar,
No hay nadie que mi tristeza pueda consolar.

Cuando acepté mi destino final, una sorpresa,
Una vocecita me llama con sutileza.
Me concentré en la voz y prontamente respondí:
"Por favor, ¡ven a salvarme! Estoy aquí".

La voz se acercó y mi esperanza reapareció,
La luz de la vida, que estaba casi apagada, se reavivó.
Cuanto más cerca estaba, más vivo me sentía,
Y cuando vi quién era, no pude creerlo,
Era el propio Jesucristo que vino en mi socorro.

Él dijo: «Vine para darte una vida abundante,
Vine para salvarte, no para juzgarte ni condenarte.
Para tener una vida nueva, necesitas aceptarme,
Y todos los días de tu vida, en mis caminos, andar,
Así, nunca morirás y de la vida eterna participarás.»

El camino humano y el camino de Dios

En la vida, muchos caminos se pueden seguir,
Hay muchas maneras de conducir el destino.
Nada ni nadie impide el actuar de cada persona,
Cada uno puede hacer todo tipo de obras, malas o buenas.

Todos los caminos parecen buenos y agradables,
Las actitudes parecen ser legítimas y aceptables.
La persona no ve maldad ni errores en lo que hace.
Su conciencia siempre está en paz.

Sin embargo, delante del Señor, los caminos no son correctos,
Algunos de ellos son terribles y llevan al infierno.
Dios muestra el buen camino que se debe seguir,
El camino del Señor no deja que la persona se destruya.

El Señor tiene caminos de paz y esperanza,
Caminos que llevan a la adoración y a la reverencia.
La adoración y el respeto a Dios garantizan el mejor futuro,
Estar eternamente con Dios, en su lugar seguro.

Dichosos los pobres en espíritu

¡Cuán felices son aquellos pobres de espíritu,
Reconocen cuánto necesitan de Cristo!
Entienden que no hay seguridad en los bienes materiales,
Esperan ansiosos las dádivas espirituales.

Los pobres de espíritu están dispuestos a todo renunciar,
No se apegan a las cosas, pues no pueden salvar.
Su apego y seguridad están depositados en el Señor,
El deseo de sus corazones es acercarse al Salvador.

Su mayor placer es saber que, por Dios, fueron perdonados,
Su mayor pago es la libertad de los pecados.
No hay nada tan valioso como ser totalmente libertado,
No hay nada más honroso que, del mundo maligno, ser rescatado.

Delante de las personas, pueden parecer pequeños y miserables,
Pero delante de Dios, son grandes e insuperables.
El Señor se complace de recibirlos en su compañía.
Para Dios, la presencia de un humilde, genera gran alegría.

Dichosos los que lloran

Todos los días tenemos motivos para llorar,
Son muchas las situaciones para nos desanimar.
Llegamos al punto en que toda esperanza se acaba,
Todo es tan difícil y no hay quien provea ayuda.

En todos los lugares encontramos barreras,
No tenemos libertad, estamos presos en cadenas.
El cuerpo se debilita, no siente ganas de seguir,
En los ojos, las lágrimas comienzan a surgir.

Ellas muestran que llegamos al mayor nivel de aflicción,
Representan el total abatimiento de nuestro corazón.
Son la demostración de nuestro límite humano,
Muestran que nuestra fuerza se está acabando.

En este momento, necesitamos admitir nuestra debilidad,
Y pedir ayuda a quien puede consolar nuestra tristeza.
Nuestro consuelo debe ser un alivio puro y verdadero,
Un alivio duradero y eterno; no puede ser pasajero.

El único que nos puede aliviar es Jesucristo,
Él puede secar nuestras lágrimas y darnos alivio.
No hay otra persona capaz de alegrarnos.
Todas las alegrías de este mundo, un día se acabarán,
Pero el amor de Jesucristo, para siempre, durará,
Y toda lágrima y tristeza de la vida terminarán.

Dichosos los humildes

Los humildes no cuestionan la autoridad del Señor,
Ellos obedecen, confiando plenamente en su amor.
Los humildes nunca irán contra la voluntad del Padre,
Esperan y tienen plena confianza en lo que Él hace.

Por más difícil que sea el camino, saben confiar,
Por más dolorosa que sea la aflicción, la pueden soportar.
Por más urgente que sea su causa, tienen fe para esperar,
Los humildes tienen la plena certeza de que Dios los socorrerá.

Los humildes alaban al Señor en toda situación,
Sobre la bondad de Dios, no hay duda en su corazón.
Sus espíritus están íntimamente ligados al Señor,
Su esperanza está depositada en el trono del Salvador.

Los humildes esperan el día en que se encontrarán con el Señor,
El día en que estarán personalmente alabando a Dios.
Los humildes tienen su herencia guardada en la eternidad,
Donde vivirán al lado de Dios y tendrán plena felicidad.

Dichosos los que tienen hambre y sed de justicia

Todos los días vemos muchas situaciones de injusticia,
La desilusión nos desanima y perdemos la esperanza en la vida.
Parece que no hay bien ni justicia en ningún lugar,
Tenemos la impresión de que nada va a cambiar o mejorar.

En medio de la desilusión, deseamos algo que nos alivie,
Queremos algo para que nuestra esperanza se reanime.
Necesitamos de alguien que haga la verdadera justicia,
Que realmente haga el bien y no sea más una mentira.

Solo hay una persona que realmente puede hacer justicia,
Él puede suplir esa necesidad en nuestras vidas.
Su nombre es el Señor Jesucristo,
El Juez justo, el Príncipe de la paz, el verdadero amigo.

Nuestra sed de justicia, el Señor la puede saciar,
Mostrándonos que hay esperanza en nuestro caminar.
Él nos da fuerzas y, toda injusticia, podemos enfrentar,
Seguros de que la verdadera justicia, un día, prevalecerá.

Dichosos los compasivos

Un compasivo ayuda a todo aquel que necesita,
Él perdona incluso a aquellos que le causan heridas.
El compasivo no tiene placer en guardar rencor,
Si no que desea que todos vean su amor.

Su amor es sincero, puro, verdadero y paciente,
Es un amor que siempre se muestra claramente.
Para todas las personas, él muestra compasión,
Él hace todo esto y no espera nada a cambio.

El amor del compasivo soporta hasta la mayor afrenta,
Incluso si lo maltratan, él no se venga.
Él sabe que no le corresponde a él hacer ninguna venganza,
Él perdona a los demás y de los errores no guarda memoria.

El compasivo tiene motivos para ser tan compasivo,
Él transmite a los demás la compasión que recibió de Cristo.
A todos, él quiere mostrar el verdadero amor,
Él quiere que sepan cuán compasivo es el Señor.

Dichosos los de corazón limpio

El corazón es la clave de nuestra existencia,
Todo lo que hay en él es parte de nuestra esencia.
Nuestras acciones mostrarán lo que tenemos guardado,
Nuestros corazones son vistos en nuestros actos.

Quien tiene un corazón limpio actúa con verdad,
Huye de la mentira y de cualquier falsedad.
Muestra a todos su gentileza y sinceridad,
Busca la paz con todos, no quiere enemistades.

Su vida está dedicada a hacer lo que es correcto,
Hace lo mejor para andar en el camino recto.
Un corazón limpio rebosa de sabiduría,
Conoce el mejor camino para su vida.

Un corazón limpio es algo de gran valor,
Es una condición muy recompensada por el Señor.
En el Gran Día, su rostro, los limpios contemplarán,
Y por toda la eternidad, en su compañía, estarán.

Dichosos los que trabajan por la paz

La verdadera paz es un deseo que arde en cada corazón,
Las personas buscan algo que acabe con toda aflicción.
Buscan una esperanza en medio de tantos conflictos,
Esperan que alguien les muestre un buen y amable destino.

Algunas personas tienen esa esperanza tan esperada,
Llevan consigo el mensaje de la paz tan soñada.
Esas personas tienen en sus corazones la paz del Señor,
Esa paz excede todo entendimiento y muestra un puro amor.

Aquellos que llevan la paz de Dios deben mostrarla,
Para que todos vean que la paz de Dios nunca se acaba.
Es una paz duradera, plena, eterna y verdadera.
Es la única paz capaz de dar descanso para la vida entera.

Dios espera que sus escogidos muestren a todos esa paz,
Él desea que más personas puedan ver lo que ella hace.
Y todos los que demuestren la paz serán recompensados,
Al final de sus vidas, con los hijos de Dios, serán contados.

Dichosos los perseguidos por causa de la justicia

El mundo no acepta la verdadera justicia en su medio,
Prefiere una justicia más suave, más a su manera.
Una justicia que no es de hecho justa para todos,
Es una injusticia hecha para una minoría, para pocos.

Aun en medio de la injusticia surgen los hijos del Señor,
Aquellos que buscan la verdadera justicia con su primor.
Ellos no se importan con los intereses ni las opiniones,
Los hijos de Dios buscan una justicia sin distinciones.

La búsqueda por la verdadera justicia tiene un alto costo,
Aquellos que la buscan se vuelven enemigos del mundo.
La gente comienza a odiarlos y maltratarlos,
Con la verdadera justicia, los malos planes son frustrados.

Incluso con las persecuciones, el Señor los librará,
En todos sus pasos, Dios los guiará.
Por un camino espléndido, el Señor los llevará,
En su Reino de Gloria, eternamente, los guardará.

Dichosos los que son insultados

Quien dice la Verdad siempre será despreciado,
Quien no acepta la Verdad, intentará desacreditarlo.
Hará su mejor esfuerzo para que la gente deje de creer,
Utilizan la persecución para amedrentarlos.

Acusan públicamente, exigiendo que dejen de predicar,
Alegan que esa predicación va a perjudicar.
Hacen su mejor esfuerzo para el predicador se callar,
Cuando no lo consiguen, comienzan a amenazar.

Amenazan a los anunciadores de la Verdad con la prisión,
Diciendo que, si no paran, para allá irán.
Cuando están presos, los torturan para que nieguen la Verdad,
Pero ellos son fieles, no la niegan, aun con crueldad.

Los fieles saben que todo eso ya fue dicho por el Señor,
Todas sus aflicciones serán recompensadas.
En la vida eterna, tienen sus lugares preparados,
Dios los guardará como a sus siervos amados.

Acerca del autor

Rafael Henrique dos Santos Lima

Grado asociado en Administración y M.B.A. en Gestión Estratégica de Proyectos en el Centro Universitario UNA. Cristiano por la gracia de Dios. Amante de la escritura (español, inglés, portugués), poeta y novelista.

Contactos

rafael50001@hotmail.com

rafaelhsts@gmail.com

Blog: escritorrafaellima.blogspot.com

Agradecimiento

Los sitios abajo contienen una gran cantidad de información y conocimientos útiles para la escritura del libro.

Google AI Studio

Google Docs

Language Tool

RAE

Agradecimiento especial

Agradezco a Dios. Él me dio la inteligencia para escribir los poemas.

Milton Keynes UK
Ingram Content Group UK Ltd.
UKHW011904301024
450366UK00007B/58